Dieses Buch gehört

_____

Liebe Eltern,

wir wollen Ihr Kind beim Lesenlernen unterstützen, und zwar mit spannenden und lustigen Geschichten.

Unsere Bücher mit der liebenswerten Bildermaus begleiten Ihren Sohn oder Ihre Tochter durch die Vorschule. Sie enthalten kurze Geschichten mit einfachen Sätzen sowie großer und leicht lesbarer Schrift. Hauptwörter werden durch kleine Bilder ersetzt. Lesen Sie die Geschichten vor und lassen Sie Ihr Kind die Bilder selbst benennen. Am Ende finden Sie eine Bild-Wörterliste mit den einzelnen Bedeutungen. Viele bunte Illustrationen sorgen außerdem für Lesepausen und helfen, die Geschichte zu verstehen.

So wird der Spaß am Lesen geweckt, und Ihr Kind wird ganz nebenbei von der Bildermaus zum echten Leselöwen!

Ihre

Bildermaus

Henriette Wich

Geschichten vom kleinen Hund

Illustriert von Alexander Bux

FSC
www.fsc.org

MIX

Papier aus ver-
antwortungsvollen
Quellen

FSC® C109273

ISBN 978-3-7855-8961-8
1. Auflage 2018
© 2018 Loewe Verlag GmbH, Bindlach
Umschlag- und Innenillustrationen: Alexander Bux
Umschlaggestaltung: Ramona Karl
Vignetten Bildermaus: Angelika Stubner
Reihenlogo nach einem Entwurf von Angelika Stubner
Printed in Poland

Inhalt

Hibbel findet eine Familie

Der kleine  Hibbel liebt seine

Mama  und die anderen .

Er ist ganz verrückt nach .

Und Hibbel ist wie ein ,

der nie stillsteht. Bevor die

aufgeht, tobt er schon munter

im  herum.

Wenn der 🌙 scheint, will er noch

lange nicht in die 🏠 . Einmal

kommen eine 🧑 , ein 🧑 und

ein 🧑 in den 🏞️ . „Ich bin Luka",

sagt der 🧑 . Hibbel wird ganz

hibbelig und hüpft auf die ▭ .

Was ist da los? „Du darfst dir einen

aussuchen", sagt die  zu Luka.

Der  geht zur , streichelt

die  und spielt mit ihnen .

Hibbel bellt, aber Luka hat nur

für die anderen.

Der kleine  saust zu Luka und

stupst ihn mit der  an. Luka

lacht. „Willst du auch  spielen?"

„Wau!", macht Hibbel, schnappt

sich den  und rennt begeistert

durch den  .

Er schwimmt durch den  , rast

zurück und schüttelt sich, dass

die  nur so spritzen. Luka

umarmt den kleinen  . „Willst

du mitkommen in unser  und

mein  sein, für immer?"

Hibbel lässt den  fallen und

spitzt die . Ein  ? Was ist

das? Der  sagt: „Du bekommst

einen eigenen . Ich bin

dein  und wir spielen ganz

oft ." Klar will der kleine  mit!

Hibbel freut sich wie ein . Aber

jetzt muss er sich von Mama und

den  verabschieden. Schnüff!

Mama schleckt ihm über den .

Da weiß der kleine  : Mama hat

ihn immer in ihrem .

14

Wo sind die Bananen?

Der kleine 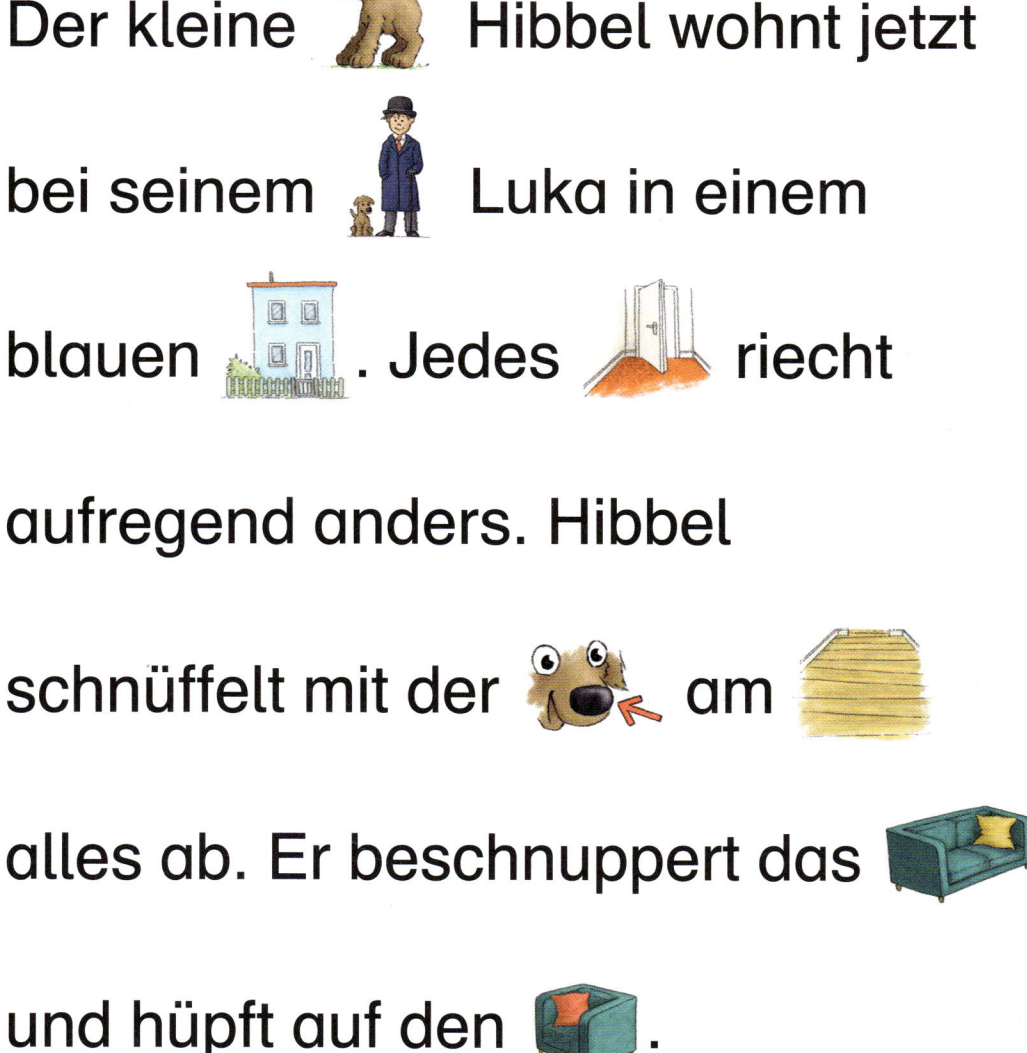 Hibbel wohnt jetzt

bei seinem Luka in einem

blauen . Jedes riecht

aufregend anders. Hibbel

schnüffelt mit der am

alles ab. Er beschnuppert das

und hüpft auf den .

Er schlittert über die glatten

im  und knurrt die  an.

Das 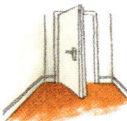 von Luka gefällt ihm am

besten. Beim  steht sein

und auf der kuscheligen

liegt sein .

Hibbel presst die  ans .

Der  ist nicht viel größer als

seine . „Gegenüber gibt es

einen  mit einem  ",

erzählt Luka.

Hibbel bringt die  und schwingt

sie wie ein  . Luka schüttelt

den  . „Später gehe ich mit dir

im   Gassi. Aber jetzt komm erst

mal mit in die  .“

Lukas  kochen  in

einem  und  in einer .

Luka füllt für Hibbel einen

mit  und für sich einen

mit . Hibbel lässt den

stehen und schnuppert.

Irgendwo riecht es doch hier

nach ! Der kleine  saust

los. Er sucht und sucht überall

im . Endlich findet er die

im . Sie sind in einem .

Mit dem  zwischen den

läuft Hibbel wieder in die .

Stolz stellt er den  Luka vor

die 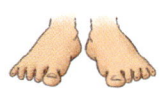. Der  lacht. „Du frisst

am liebsten ?"

Luka befreit eine  von ihrer 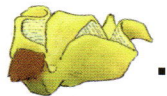.

Er hält sie Hibbel hin. Der

kleine  verschlingt die .

Happs! Dann macht er sich über

das  in seinem  her.

Schmatz!

Überraschung im Park

Hibbel freut sich immer wie ein ,

wenn er mit Luka in den  gehen

darf. Der kleine  kennt dort

bald jeden  und jeden .

Neugierig schnuppert er an

einem  mit roten . Knurr!

Hier war heute schon eine !

Hibbel hebt sein . Danach will

er schnell weiter, aber Luka ist

so langsam wie eine . Der

kleine  zieht an der . Er

möchte abdüsen wie ein .

„Na gut, wer zuerst beim  ist."

Hibbel und Luka rennen an ein

paar  vorbei. Sie überholen

einen . Das  kommt

immer näher. Der kleine  reißt

sich von der  los. Seine

fliegen über den .

Gleich ist er beim  . Plötzlich

bellt irgendwo ein anderer  .

Hibbel lässt das  links liegen

und saust zu dem  hin. „Bleib

hier, Oskar!", ruft sein  . Aber

Oskar rennt zu Hibbel.

Er wedelt begeistert mit dem  .

Die  beschnuppern sich und

toben auf der  . Sie raufen und

flitzen um einen  herum. Auf

einmal ruft Luka: „Hibbel! Hierher,

bei !"

Der kleine  dreht den

herum. Dann saust er zu Luka und

drückt sich an sein  . „Du warst

nicht beim  ", sagt Luka.

„Ich hab schon gedacht, du bist

weggelaufen."

Hibbel schleckt Luka übers  .

Warum sollte er weglaufen? Er und

sein  gehören doch zusammen!

Hibbel spielt noch ein wenig mit

Oskar auf der  . Dann saust er

mit Luka zurück zum blauen  .

Ein Bote auf vier Pfoten

Luka packt seinen . Er

steckt ein , eine  und

seine  hinein. Danach geht

er zur 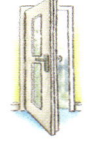. Schnell holt Hibbel

seine , aber Luka sagt: „Du

kannst leider nicht mit in die ."

Der kleine  bellt laut.

Wütend zerfetzt er die leere

und kippt den  um. Luka

schimpft und Mama holt

und  . „Tschüss, Hibbel!", sagt

Luka, greift nach seinem

und rennt los.

Bevor die  zugeht, schlüpft

Hibbel geschickt hindurch. Auf

leisen  läuft der kleine

Luka hinterher. Immer wieder

versteckt er sich hinter einer

oder in einem  .

Luka merkt überhaupt nichts.

Der  ist nicht weit. Luka

geht in die 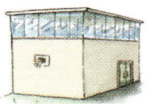 hinein. Der

kleine  schlüpft hinter ihm

durch die  , aber der  ist leer.

Ratlos läuft der kleine  von

zu  und schnuppert aufgeregt

umher. Wo ist Luka? Da kommt

Lukas  mit dem

angerannt. Sie seufzt: „Luka hat

seinen  mitgenommen und

den  zu  vergessen."

Lukas  weiß natürlich, hinter

welcher  Luka ist.

Sie drückt mit der  die

nach unten. Da schnappt sich der

kleine  den  und stürmt

damit in die  hinein. „Toll

gemacht, Hibbel!", sagt Luka.

Der  krault ihn hinter den  .

Auf einmal wollen alle den

kleinen  streicheln. Das geht

Hibbel auf den  . Er mag nicht

so viele  auf seinem  .

Er schüttelt die 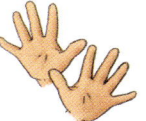 ab und rennt

zu Lukas  . „Wau, wau!", bellt

der kleine  . Hoffentlich kommt

Luka ganz bald aus der  ins

blaue  und spielt mit ihm  !

Die Wörter zu den Bildern:

 Hund

 Hundehütte

 Pudel

 Frau

 Welpen

 Mann

 Bananen

 Junge

 Kreisel

 Mauer

 Sonne

 Ball

 Garten

 Augen

 Mond

 Nase

 Teich

 Herz

 Tropfen

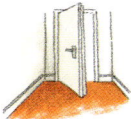 Zimmer

 Haus

 Boden

 Haustier

 Sofa

 Ohren

 Sessel

 Hundekorb

 Fliesen

 Herrchen

 Badezimmer

 Keks

 Klobürste

 Kopf

 Fenster

 Hundedecke

 Hackfleischsoße

 Park

 Pfanne

 Schloss

 Napf

 Leine

 Hundefutter

 Lasso

 Teller

 Küche

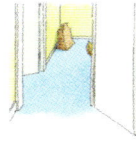 Flur

 Eltern

 Einkaufskorb

 Nudeln

 Zähne

 Topf

 Füße

 Schale

 Kinderwagen

 Baum

 Pfoten

 Strauch

 Weg

 Äpfel

 Frauchen

 Katze

 Schwanz

 Bein

 Wiese

 Schnecke

 Gesicht

 Rennauto

 Turnbeutel

 Tauben

 T-Shirt

 Sporthose

 Tor

 Turnschuhe

 Mutter

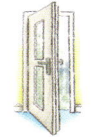 Tür

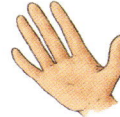 Hand

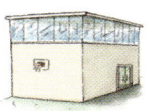 Turnhalle

 Klinke

 Müslischachtel

 Umkleide

 Abfalleimer

 Rücken

 Kehrschaufel

 Besen

 Rucksack

Henriette Wich, 1970 in Landshut geboren, hat zahlreiche Kinder- und Jugendbücher geschrieben, darunter viele Krimis der erfolgreichen Reihe „Die drei !!!". Henriette Wich lebt mit ihrer Familie in München.

Alexander Bux, 1970 in Augsburg geboren, war als Kind leidenschaftlicher Monster- und Drachenmaler. Er hat Grafikdesign mit den Hauptfächern Illustration und Typografie studiert. Jetzt lebt er mit seiner Familie in Hamburg und illustriert mit großer Freude Kinderbücher.

Noch mehr Lesespaß!

ISBN 978-3-7855-8571-9

ISBN 978-3-7855-8967-0

ISBN 978-3-7855-8954-0

ISBN 978-3-7855-8950-2